全国老年大学统编教材

人邮体育　主编　顾玉婷　编

老年人
乒乓球
教程

大图大字视频学习版

人民邮电出版社
北京

图书在版编目（CIP）数据

老年人乒乓球教程 / 人邮体育主编 ； 顾玉婷编. --
北京：人民邮电出版社，2023.10
ISBN 978-7-115-62155-9

Ⅰ．①老… Ⅱ．①人… ②顾… Ⅲ．①老年人－乒乓
球运动－教材 Ⅳ．①G846

中国国家版本馆CIP数据核字（2023）第121529号

免 责 声 明

内 容 提 要

本书为全国老年大学统编教材，是专门为老年人设计的乒乓球入门学习指导书。本书首先讲解了
包括握拍、基本姿势、引拍等基础练习，接着采用真人示范、分步图解的形式详细讲解了各类发球和
击球技术，致力于为热爱乒乓球运动的老年人提供科学的指导。同时，本书提供了部分技术动作的展
示视频，能切实帮助老年人快速领悟技术要点，实现快速上手。

◆ 主　　编　人邮体育
　　编　　　顾玉婷
　　责任编辑　林振英
　　责任印制　彭志环

◆ 人民邮电出版社出版发行　　北京市丰台区成寿寺路 11 号
　　邮编　100164　电子邮件　315@ptpress.com.cn
　　网址　https://www.ptpress.com.cn
　　北京捷迅佳彩印刷有限公司印刷

◆ 开本：787×1092　1/16
　　印张：7　　　　　　　　　2023 年 10 月第 1 版
　　字数：90 千字　　　　　　2023 年 10 月北京第 1 次印刷

定价：38.00 元

读者服务热线：(010)81055296　印装质量热线：(010)81055316
反盗版热线：(010)81055315
广告经营许可证：京东市监广登字 20170147 号

全国老年大学统编教材
编委会

老年人体育活动指导系列图书
编委会

委　员（按姓氏笔画排序）

王　雄　牛爱军　齐　欣　闫　琪　孙冠群　李　璇

陈　昇　陈永存　郑海利　高　崇　顾玉婷　康　勇

蒋　亮　谢少博

总序

由中国老年大学协会组织编写的全国老年大学通识课程教材即将面世，这是我国老年教育和老年大学发展史上一件具有开创性意义的举措。

我们国家的老年教育，在党和政府的高度重视以及社会各界的广泛参与下，适应了老龄社会发展和老年群体需求，一直保持着健康快速的发展态势，并逐步取得了令世人瞩目的巨大成就。党的十八大以来，习近平总书记多次发表重要讲话，指出人口老龄化事关国家发展全局和亿万百姓福祉。强调要坚持党委领导、政府主导、社会参与、全民行动相结合，推动老龄事业全面可持续发展。党中央、国务院陆续公布实施的《老年教育发展规划 (2016—2020 年)》《老龄事业"十三五"规划》《加快推进教育现代化实施方案 (2018—2022 年)》等重要文件，对做好老龄工作、发展老龄事业作出了新的重大部署，对老年教育发展制定了明确的规划，有力地推动了我国应对人口老龄化的全面工作。目前我国老年教育的发展和老年大学的工作，已经呈现出党政主导、社会参与、多方支持的大好局面。

中国老年大学协会作为国家民政部所属的社会组织，自 1988 年 12 月成立以来，认真贯彻落实党和政府关于老年教育的方针政策，充分发挥桥梁纽带和凝聚作用，广泛联系各地老年大学、老年学校，大力宣传"增长知识、丰富生活、陶冶情操、促进健康、服务社会"的老年大学办学宗旨，促进各地老年大学、老年学校在办学原则、培养目标、专业设置、课程安排、学校管理等一系列重大办学方向问题上统一思想，形成共识，对我国老年教育事业的巩固与提升，发挥了导向性的作用。特别是积极贯彻党的十八大、十九大精神，落实新时代老年教育规划目标任务，组织老年大学认真学习习近平新时代中国特色社会主义思想，探讨老年教育发展的新机制和新路径，开创老年教育发展的新格局，推动老年大学工作迈上了一个新台阶。协会自身发展也进入了一个新阶段。

建立并逐步完善科学、适用、可行的老年大学特色课程体系，设计、构建与社会发展大环境相匹配的具有老年大学特色的通识教材，是中国老年大学协会一直坚持的目标，也是众多老年大学、老年学校一致的企盼。首批五本通识教材——《树立和培育积极老龄观》《新时代老年大学校长读本》《老龄金融》《老年健康教育与管理》《老年人权益保障法律实务》——从选题立意到内容编排，都体现出创新意识和独特见解，令人耳目一新，为之一振。希望老年同志们从中汲取营养，幸福地度过晚年；希望中国老年大学协会再接再厉，为老年人做出应有的贡献！

顾秀莲

2020 年 8 月

序

近年来，随着老年人口数量的不断增大，我国陆续发布了《"健康中国2030"规划纲要》《关于促进养老托育服务健康发展的意见》《全民健身计划（2021—2025年）》《"十四五"国家老龄事业发展和养老服务体系规划》《"十四五"健康老龄化规划》等政策文件，以引导和促进实现积极老龄观和健康老龄化。这些政策文件中指出了可通过指导老年人科学开展各类体育健身项目，将运动干预纳入老年人慢性病防控与康复方案，提供文化体育活动场所，组织开展文化体育活动等措施支持老年人参与体育健身，丰富老年人的精神文化生活，全面提升老年人的身心健康水平与生活品质。

与此同时，作为我国老年人教育事业的重要组成部分，老年体育教育承担着满足老年人的体育学习需求，丰富老年教育的内容和形式，以及不断探索老年教育模式的责任，可长远服务于积极应对人口老龄化、实现教育现代化和建设学习型社会。

在上述背景下，人民邮电出版社有限公司作为建社70周年的综合性出版大社，同时作为全国优秀出版社、全国文明单位，围绕"立足信息产业，面向现代社会，传播科学知识，服务科教兴国，为走中国特色新型工业化道路服务"的出版宗旨，基于在信息技术、摄影、艺术、运动与休闲等领域的领先出版资源、经验与地位，策划出版了"老年人体育活动指导系列图书"（以下简称本系列图书）。本系列图书是以指导老年人安全、有效地开展不同形式体育活动为目标的老年体育教育用书，并且由不同体育领域的资深专家、学者和教育工作者担任作者和编委会成员，确保了内容的专业性与科学性。与此同时，本系列图书内容覆盖广泛，其中包括群众基础广泛、适合个人习练或进行团体表演的传统武术与健身气功领域，具有悠久传承历史、能够极大丰富老年生活的棋牌益智领域，包含门球、乒乓球等项目在内的运动专项领域，旨在针对性改善慢性疼痛、慢病预防与控制、意外跌倒等老年人突出健康问题的运动功能改善训练领域，以及涵盖运动安全、运动营养等方面的运动健康科普领域。

本系列图书在内容设置和呈现形式上充分考虑了老年人的阅读和学习习惯，一方面严格按照循序渐进的原则进行内容讲解，另一方面通过大图大字的方式分步展示技术动作，同时附赠了扫码即可免费观看的在线演示视频，以帮助老年人降低学习难度、提高训练效果，以及为相关课程的开展提供更丰富的教学素材。此外，为了更好地适应和满足老年人日益丰富的文化需求，本系列图书将不断进行内容和形式上的扩充、调整和修订，并努力为广大老年读者提供更丰富、更多元的学习资源和服务。

最后，希望本系列图书能够为促进老年体育教育发展及健康老龄化进程贡献微薄之力。

在线视频访问说明

本书提供部分技术动作的展示视频，您可通过微信"扫一扫"，扫描下方或动作讲解页面的二维码进行观看。

步骤 1　打开微信"扫一扫"（图①）。

步骤 2　扫描上方或动作讲解页面的二维码，扫描后可直接进入动作视频观看页面（图②）。

图①

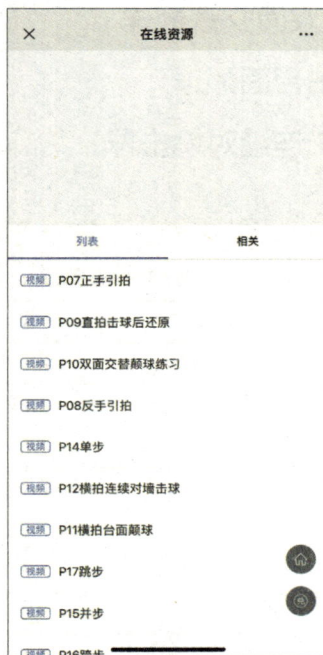

图②

目录

第一章
基础练习

　　掌握正确的姿势是运动成功的关键，尤其是对于老年人来说更为重要。在进行乒乓球基础练习时，掌握正确的姿势不仅可以帮助球员更好地掌握球技，提高运动水平，还可以避免不必要的姿势失调，降低受伤的风险。

正面角度

标准的横拍握法要求用惯用手的中指、无名指与小指自然握住拍柄，拇指斜按在球拍正面的底部边缘处，食指自然伸直斜放于球拍背面的底部靠近边缘处，球拍的侧面刚好卡在虎口中央。

背面角度

侧面角度

特别提示

握拍时手指要自然放松，在击球瞬间发力即可。用力握住球拍不利于正、反手的快速切换。

正面角度

背面角度

侧面角度

食指、拇指呈钳形握住拍柄，两指间距离适中，拍柄贴住虎口，另外三指自然弯曲斜重叠，以中指第一指节托于球拍背面，使球拍保持平稳。

视线

双眼注视来球方向，下巴微向内收，预判球到落点的飞行轨迹。

上身

身体放松，上身适当前倾并略含胸，肩膀保持自然放松。

手臂

持拍侧的手臂自然弯曲，手腕放松，放在身前偏右处。

膝盖

膝盖微屈，以便随时进行脚步的移动。

双脚

左脚在前，右脚在后，两脚的前后距离大约是半个脚掌的长度，左右距离略比肩宽，重心置于两脚之间，而不要放在某只脚上。

特别提示

错误动作

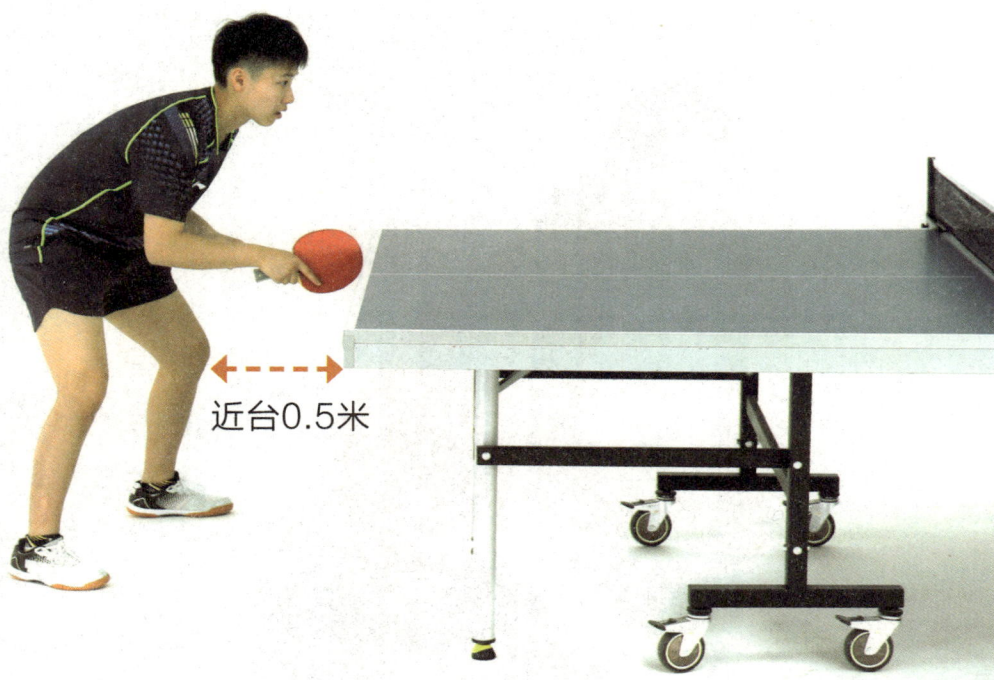

近台0.5米

基本站位是球员击球时的一个相对固定的站位，它是一个大概的范围，而不是一个绝对固定的位置，所以各种打法适合的基本站位及范围是不同的。一般来说，球员都在球台偏左，在距台 20~40 厘米的位置以基本站姿站好，并保证球拍略高于球台，拍头朝前。

特别提示

不同距离

中台1米

远台1.5米

肩膀

肩膀整体同时转动，左肩在前，右肩在后并自然下沉。

腰部

引拍时转体的重点在于腰部的转动，以腰为轴，带动持拍侧的手臂后引。腰部的转动幅度不宜过大。

手臂

持拍侧的手臂随身体重心摆动，自然后拉，放在身前偏右处，并保持放松；另一侧手臂自然弯曲，置于身前。

膝盖

双膝微屈，且右腿的屈膝幅度更大，把身体重心放在右脚上。

双脚

双脚分开，间距大于肩宽。左脚稍靠前，且左脚外侧略微抬起，离开地面。

扫码看视频

两脚分开，略比肩宽，手臂放松，通过腰部的转动带动持拍侧的手臂后拉，完成引拍。转动的过程中，膝盖微屈，并逐渐将重心转移到右脚上。此外，持拍侧手臂的肘关节也要随之外展，避免大臂、小臂之间的夹角过小，否则不利于之后的发力挥拍。

特别提示

侧面示范

扫码看视频

膝盖弯曲，降低身体重心，上身略微前倾。肩膀随腰部稍向左后转动，从而带动持拍侧手臂自然后摆。然后弯曲肘关节，带动球拍移动到自己的腹部左前方，完成引拍。

特别提示

转身时，一定要以腰胯部为轴，用腰部的转动带动肩膀转动，从而让持拍侧手臂自然后摆。

1~2

如果在接球时有向前迈步等让站位与姿势出现较大变动的动作，那完成击球后应该迅速还原，恢复基本姿势：两脚水平分开，略比肩宽，双膝微屈，重心放在两脚之间，将球拍置于较高的位置，使拍面与台面接近垂直，做好回球的准备。还原主要包括对站位、姿势与重心的还原，同时也要时刻关注对手的动向，及时对自己的站位与姿势进行调整。

特别提示

还原时要注意身体平衡和动作协调，手臂和肩部要尽快回到准备位置，双脚站稳以保持稳定。

扫码看视频

1 ~ 2

球员在原地站好，两脚分开，与肩同宽，一侧手将球抛出，另一侧手持拍接球，接球时要保证拍面平行于地面，使球垂直弹起。

3

待球员能够在原地平稳颠球后，通过手腕的翻转，交替使用球拍的正、反面颠球。注意控制击球的力度与击球时球拍的角度，尽量使球每次都能够垂直弹起到相同的高度。

1 ~ 3

站在离球台较近的位置，采用横拍握法握住球拍，持拍侧手臂自然弯曲，垂直向上抬起，让自己的小臂、拍面与台面平行。另一只手在球拍下方拿着乒乓球，然后松手，让球垂直落下，在球弹起到一定高度后用球拍向下拍球，以此类推，进行持续的颠球练习，练习规定时间。在台面颠球练习过程中，要控制自己的力度与拍球时球拍的角度，尽可能让球稳定移动，缩小球的落点范围，并从相同高度向下拍球。

扫码看视频

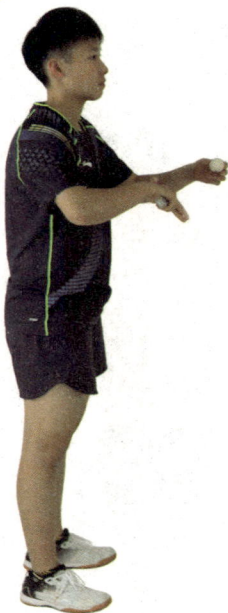

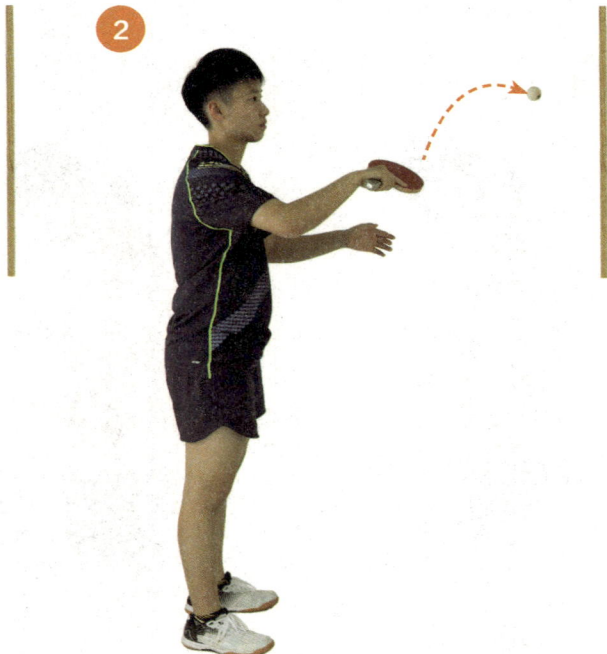

1

站在距离墙壁三四步远的地方，正对着墙面，两脚分开，与肩同宽，采用横拍握法握住球拍。

2~3

反手击球，将球直接击向墙面，待球反弹回来，在球落地前继续用反手将球击向墙面，以此类推，持续击球，练习规定时间。

2

第二章
基础步法

在乒乓球比赛中，步法是最基础、最重要的技术之一。选手需要根据球的落点快速移动到正确的位置，以便准确地回击球。正确的步法应用可以提高击球的准确性和力度，同时也可以避免失误。选手需要根据实际比赛情况选择合适的步法应用，并通过步法控制球的角度和速度，增加对手的失误率，提高自己的胜率。

扫码看视频

①

②

1

当来球距离身体较近（不超过一步远）且角度不大时，可以使用单步移动到方便接球的位置。

2

以远离来球侧的脚为轴，并以此脚的前脚掌用力蹬地，转体，带动另一只脚向来球方向移动，身体重心随之转移，最后放在移动脚上。

2.2 并步

扫码看视频

1 ~ 2

以靠近来球侧的脚作为支撑脚，另一只脚的前脚掌用力蹬地，向支撑脚并一步。

3 ~ 4

在脚落地后，支撑脚向来球方向迈一步，移动到方便接球的位置。

特别提示

在移动的过程中，两只脚均不能抬得太高，要尽可能贴近地面，向上起伏的幅度不宜过大。此外，在移动过程中要始终保持屈膝状态，将重心放在前脚掌上。

1

2

3

1~2

以远离来球侧的脚为轴，并以移动侧的前脚掌用力蹬地，向来球方向转身，随即向后跨出一大步，并将身体重心转移到这只脚上，而此时远离来球侧的脚的脚后跟略微抬起，用脚尖着地。

3

在移动到合适的位置且重心稳定后，挥拍击球。

①

②

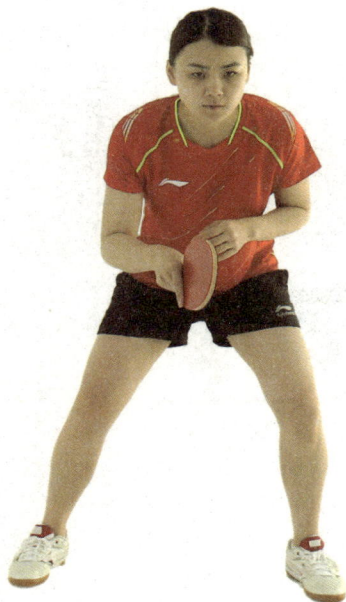

1~2

两脚同时发力蹬地（与移动方向相同的一侧脚要更加用力）且同时起跳，向来球方向移动。

3~4

落地时，双腿屈膝缓冲，且与移动方向相反的一侧脚要先落地，并在另一只脚落地后快速蹬地，让身体重心回到两脚中间。

③

④

扫码看视频

①

②

🏓 **1 ~ 2**

当来球落点位于自己的反手位，但想进行正手抢攻时，惯用手是右手的球员可以通过侧身步移动到合适的位置。比赛中如果来球位置不远可以使用单步，其中单步侧身是由臀部的转动带动右脚后撤，从而让身体调整到适合正手击球的位置的。注意，右脚后撤的距离一定要足够大，不然无法顺利进行正手抢攻。

扫码看视频

① ② ③

④

1 ~ 2

并步侧身移动时，右脚先向左小跳一步，移动到左脚的右后方，然后左脚立即向左前方小跳步，移动到左半台方便正手击球的位置。

3 ~ 4

双脚都落地后，左脚迅速蹬地，将重心移至右脚，右腿发力，向左侧蹬转，正手击球。

扫码看视频

1~2

如果想要向右移动，左脚应用力蹬地，右脚大幅度向右迈出，移动到合适的位置。

3~4

在迈步的过程中，重心应该随之移至右脚，同时完成引拍动作。在右脚落地、重心完全放在右脚上后，正手击球。

①

②

③

④

1～2

如果想向左移动，应右脚用力蹬地，左脚大幅度向左迈出。

3～4

在迈步的过程中，重心应该随之移至左脚，同时完成引拍动作。在左脚落地、重心完全放在左脚上后，反手击球。

扫码看视频

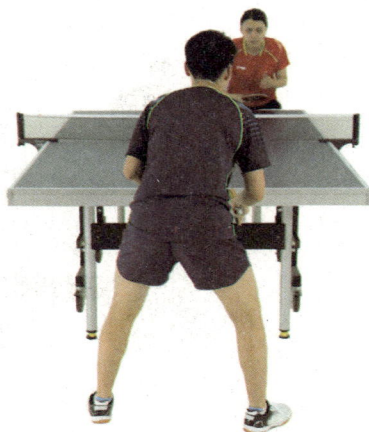

①

②

③

④

1 ~ 2

如果来球在身体左侧，那先将重心放在左脚上，然后右脚向左迈出第一步；随后立即将重心移至右脚，同时左脚向左迈出第二步，并移动到合适的位置。

3 ~ 4

把重心放在右脚上，引拍后正手击球。

三步移动

①

②

③

④

1～2

如果来球在身体右侧较远位置，先将重心放在左脚上，然后右脚向右迈出第一步；随后将身体重心转移至右脚，同时左脚向右迈出第二步。

3～4

左脚落地后，随即将重心移至左脚，右脚迅速向右迈出第三步，移动到适合正手击球的位置，并将重心放在右脚上，扭转身体，引拍后击球。

扫码看视频

1 ~ 2

惯用手是右手的球员在需要向前移动时，右脚向左前方迈出第一步。

3 ~ 4

左脚向左前方迈出第二步，虚踩地后，迅速向左前方迈出第三步。右脚跟随上步。同时引拍后击球。

扫码看视频

1
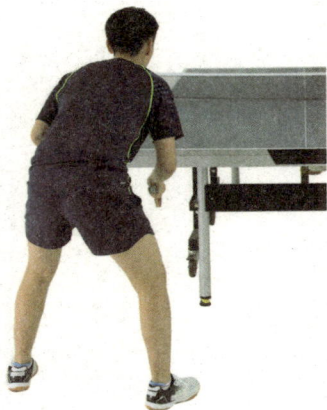

2
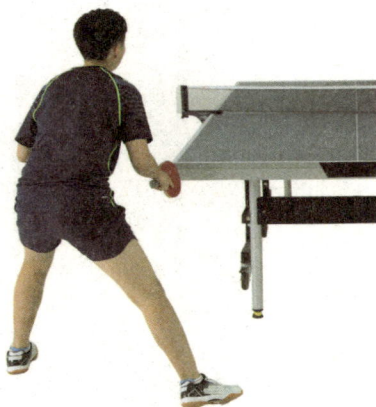

3

4
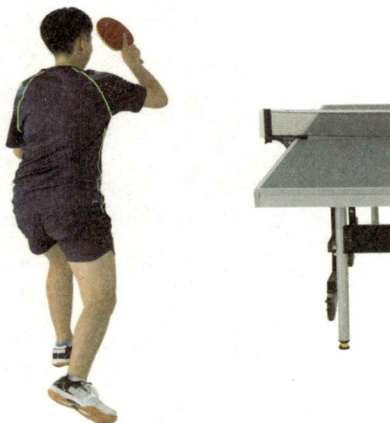

1 ~ 3

如果来球落点在左半台，首先左脚向左迈一小步；随后腰胯顺时针旋转，带动身体转向适合正手击球的角度，同时右脚向左脚靠近。

4

将重心放在右脚上，同时左脚向斜前方迈出一大步，回身，正手用力击球。

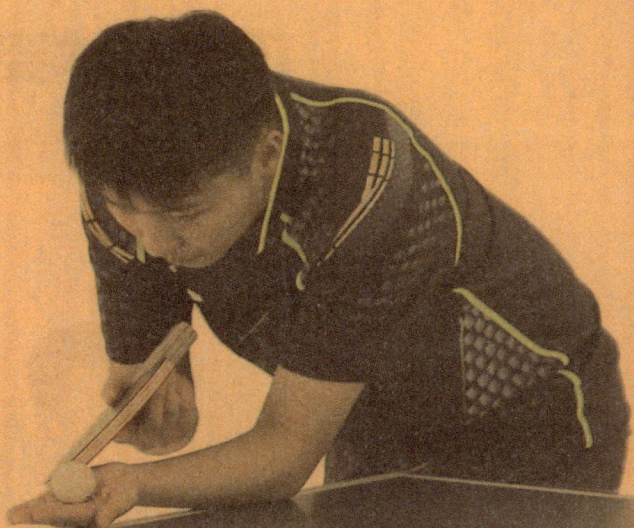

3

第三章

横拍发球技术

乒乓球比赛中，横拍发球技术是关键技术之一。这项技术可以让选手把控比赛节奏，增加对手失误率。要掌握横拍发球技术，选手需要掌握正确的握拍姿势、身体姿势、发球方向和发球变化等基本技能。

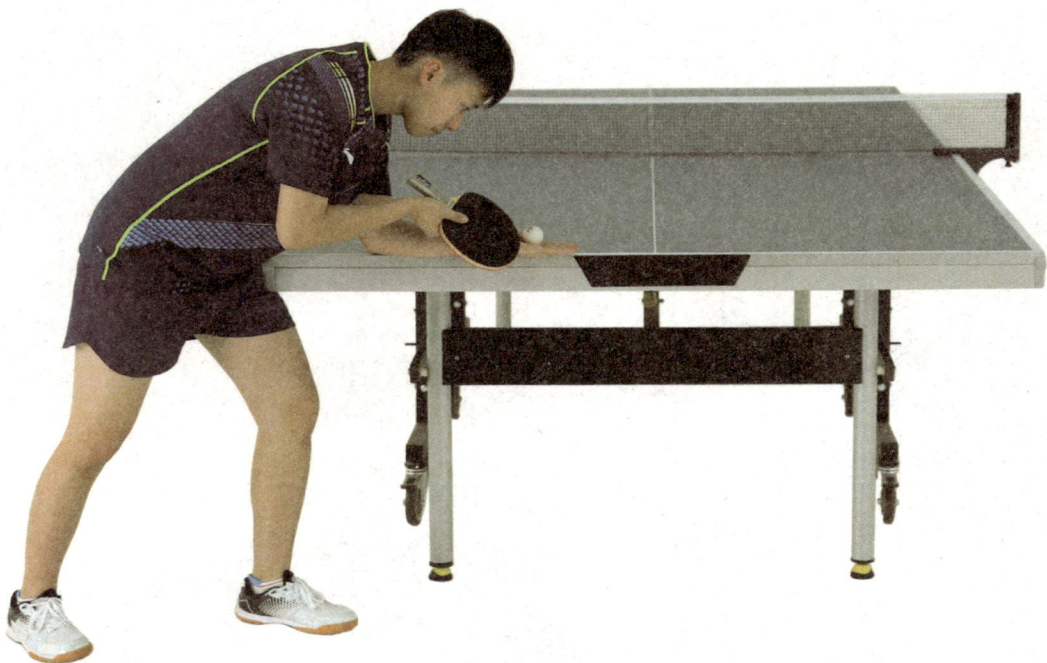

两脚开立，左脚在前，右脚在后，两脚间的距离略比肩宽，双膝微屈。含胸收腹，上身前倾，非持拍手在前，持拍手在后。持拍手按要求握好球拍，非持拍手五指并拢，掌心朝上，手掌半握，使乒乓球静止处于手掌中央，目视掌心（握拍方法在发球、击球中可有灵活变化）。

特写示范

1~2

站位近台，两脚开立，略比肩宽，且左脚略微靠前。膝盖微屈，上身前倾，右手以横拍方式握拍，左手持球于掌心。将乒乓球向上抛起，之后向右转身，重心随之移至右脚，右臂后引并内旋，使拍面前倾。

3~4

在球从最高点落至稍高于球网的位置时，身体迅速回转，重心逐渐左移，同时向左前方挥拍，球拍击打球的中上部，完成正手平击发球。击球后手臂继续向左前方挥动，身体重心继续左移，之后迅速还原。

① ②

🏓 **1~2**

站位近台偏左，两脚平行开立，略比肩宽。膝盖微屈，上身前倾，右手以横拍方式握拍，左手持球于掌心。将乒乓球向上抛起，同时略微向左转身，重心随之左移，右臂外旋，使拍面前倾，并向身体左侧引拍，直至球拍靠近左腹部。

③

④

🏓 **3~4**

在球从最高点落至稍高于球网的位置时，回身，右臂迅速向右前方挥动，球拍击打球的中上部。击球后手臂继续向右前方挥动，重心继续向右移动，之后迅速还原。

扫码看视频

① ②

1 ~ 2

站在球台左角外侧，两脚分开，与肩同宽，左脚稍微靠前。屈膝，上身前倾，右手以横拍方式握拍，左手掌心托球置于身前。将乒乓球向上抛起，身体稍向右转，重心移至右脚。同时，右臂上抬，肘关节自然弯曲，向身体右后方引拍，小臂外旋，手腕放松，使拍面后仰。

③ ④

3 ~ 4

腰部回转，以肘关节为支点，小臂向前方挥动，重心随之左移，在较低的高度击球。击球的瞬间手指发力抓拍，手腕从右后方向左上方扬起，摩擦发力。击球后身体重心最终放在左脚上，之后迅速还原。

扫码看视频

1 ~ 2

站在近台偏后的位置，两脚分开，与肩同宽，其中右脚在前。屈膝，上身前倾，右手以横拍方式握拍，左手掌心托球置于身体左前侧。将乒乓球向上抛起，同时略微向左转身，重心随之左移。右臂外旋，使拍面前倾，并向身体左前方引拍，直至球拍靠近左腹部。

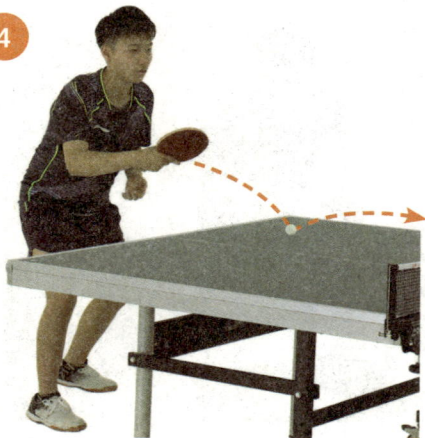

3 ~ 4

以腰部的回转带动手臂向右前方挥拍，重心随之右移，在较低的高度击球。击球瞬间手腕要有弹击发力的动作。击球后手臂继续向右前方挥动，重心继续向右移动，之后迅速还原。

1 ~ 2

侧身站在球台左角外侧，两脚分开，与肩同宽，左脚在前。上身前倾，右手以横拍方式握拍，左手掌心托球置于身体左前侧。垂直向上高抛乒乓球，然后略向右转身，重心随之移动到右脚，同时抬起大臂，球拍从身前方移动到右肩的后上方，完成引拍。

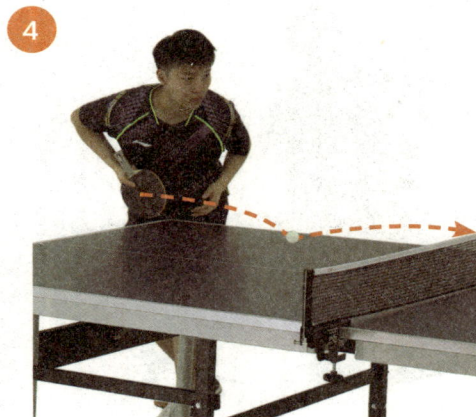

3 ~ 4

在球落至与球网同高或略比球网低的位置时，回身，身体重心从右脚向左脚转移，在近腰处正手击球。击球后顺势向前挥拍，然后迅速还原。

扫码看视频

1 ~ 2

站在球台左角外侧，两脚分开，与肩同宽，左脚在前。屈膝，降低重心，上身前倾，含胸收腹，右手以横拍方式握拍，左手掌心托球置于身体左前侧。抛球，身体稍向右转，重心移至右脚，带动右臂后引，同时手腕放松并略微外旋，使拍面后仰。

3 ~ 4

在球从最高点落至稍高于球网或与球网同高的位置时，身体回转，向前下方挥拍。击球时，拍面直立或略微后仰，用球拍靠近拍柄的位置击球的中部，以球心为作用点向前推出。注意要尽量减少向下摩擦的力，以形成不转球。击球后，继续挥拍向下发力，然后迅速还原。

1～4

不管是用正手还是反手，发不转球使用的技巧是相同的，即让拍面直立或略微后仰，用球拍靠近拍柄的位置击球的中部，再以球心为作用点向前推出。击球时，要尽量减少向下摩擦的力，以形成不转球。只不过反手发球时的站位及引拍动作与正手发球不同，反手发球时，要站在左半台靠左的位置，抛球后身体稍向左转，重心移至左脚，右手随之向左上方引拍，直至球拍靠近左肩，之后向前下方挥拍。

扫码看视频

1 ~ 4

横拍正手发左侧下旋球和横拍正手发左侧上旋球除了挥拍与击球环节有所不同外，其他步骤基本相同。如果想要发出下旋球，则拍面要后仰。击球时，用球拍靠近拍头的位置摩擦球的中下部，同时手腕与手指向左前下方发力，加强下旋。击球后，继续挥拍向左前下方发力，然后迅速还原。

1 ~ 2

站在球台左角外侧，两脚分开，与肩同宽，左脚稍微靠前。屈膝，降低重心，上身前倾，右手以横拍方式握拍，左手掌心托球置于身体左前侧。将乒乓球向上抛起，身体向右转，重心移至右脚。同时，右臂上抬，向身体的右后上方引拍，肘关节自然弯曲，小臂外旋，手腕放松，使拍面略微后仰或直立。

3 ~ 4

在球从最高点落至稍高于球网或与球网同高的位置时，回身，大臂保持水平，以肘关节为支点，小臂向左前上方发力，拍面略微后仰或直立，用球拍靠近拍柄的位置击球的中部或中上部，同时向左侧微勾手腕，加强上旋。击球后手臂继续前推，之后迅速还原。

1

1

站在左半台靠左侧，两脚分开，与肩同宽，右脚在前。屈膝，上身前倾，含胸收腹，右手以横拍方式握拍，左手掌心托球置于身体前方。

2

将乒乓球向上抛起，之后身体向左转，重心在右腿，右侧手臂向内折叠，肘部略向上提，带动右臂向左后上方引拍，直至球拍靠近左肩，同时放松手腕，身体带动手移动，并使拍面自然后仰。

2

特别提示

引拍时，转体要充分，以便利用转体的力量。此外，引拍位置不可过低且距离不可过短，向左后上方引拍至左肩前方为最佳。

3

在球从最高点落至稍高于球网或与球网同高的位置时，右手手腕内旋，使拍面略微后仰直立，向右前上方挥拍。击上旋球时，要用球拍的中上部击球的中部或中上部，并向右前上方摩擦球。

4

击球后继续向右前上方发力，之后迅速还原。

特别提示

击球轨迹

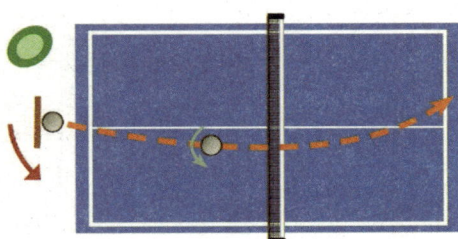

中 / 中上部

1~4

横拍反手发右侧下旋球和横拍反手发右侧上旋球除了挥拍与击球环节有所不同外，其他步骤基本相同。如果想要发出下旋球，则拍面要大幅后仰至平行，用球拍靠近拍头的位置击球的中下部，击球瞬间手腕与手指向右前下方发力，加强下旋。击球后，继续挥拍向右前下方发力，然后迅速还原。

扫码看视频

1 ~ 2

站在左半台靠左侧，两脚分开，与肩同宽，右脚稍靠前。屈膝，上身前倾，右手以横拍方式握拍，左手掌心托球置于身体前方。将乒乓球向上抛起，然后身体稍向左转，右侧肘关节向内弯曲，带动小臂向左上方引拍，直至球拍靠近左肩下，同时手腕内旋，使拍面后仰。

3 ~ 4

在球从最高点落至稍高于球网或与球网同高的位置时，回身，重心移至右脚，肘关节带动小臂侧摆挥拍，用球拍靠近内侧的位置击球，击球瞬间迅速向上提拉球拍，摩擦球的后部。击球后迅速还原。

扫码看视频

1～4

横拍反手发下旋球和横拍反手发上旋球除了挥拍与击球环节有所不同外，其他步骤基本相同。如果想要发出下旋球，则拍面要大幅后仰至平行，向右前下方削去，用球拍外侧靠近拍头的位置摩擦球的中下部，击球瞬间手腕与手指加大发力力度，加强下旋。击球后，继续挥拍向右前下方发力，然后迅速还原。

特别提示

如果想要加强球的下旋，击球时应该使拍面后仰，击球的中下部，并且手腕要在身体与小臂的带动下加速向右前下方发力。

扫码看视频

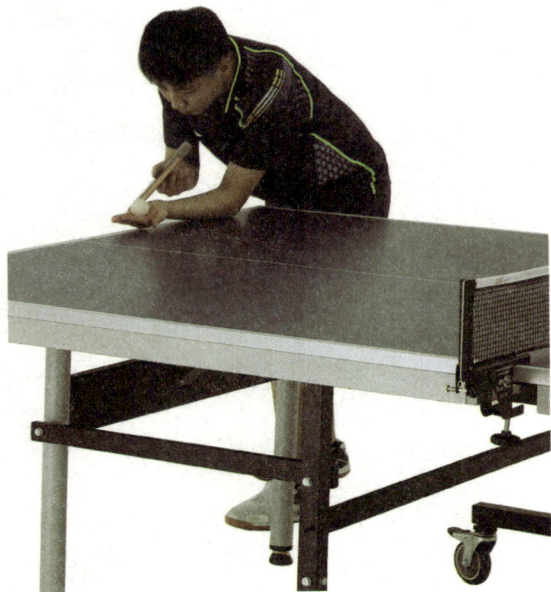

1

站在球台左角外侧，两脚分开，与肩同宽，左脚在前。屈膝，降低重心，上身前倾，含胸收腹，右手以横拍方式握拍，左手掌心托球置于身体左前侧。

2

将乒乓球向上抛起，身体稍向右转，重心移至右脚，手臂随之后引。此时，肘部要上提并向内弯曲，使大臂充分内收，且小臂与手腕内收，使球拍移至身体的右侧。

特别提示

发逆向侧旋球时，需向身体内侧摆动球拍，因此需要手腕有力且具有较好的柔韧性，可先进行一些针对手腕的专项练习。

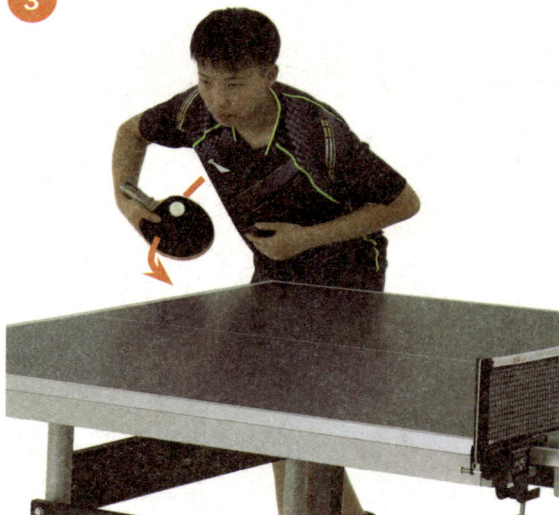

3

在球从最高点落至稍高于球网的位置时，迅速回身，大臂尽量保持水平，通过伸肘和伸腕使小臂与手腕向右前下方发力，在身体前方不远处击球。击球时，迅速出前臂、手腕，摩擦球的外侧，使球逆向侧旋。

4

击球后球拍顺势向前逆时针画一半弧线，然后迅速还原。

特别提示

逆旋球

击球位置要靠近身体，在击球时，手腕要由内向外摆动，摩擦球的外侧。同时要注意，击球时，球拍要尽量与后面垂直，这样才能发出逆向侧旋球。如果球拍倾斜，那便会发出逆向侧下旋球。

扫码看视频

①

②

③

④

1~4

　　横拍正手发逆向侧下旋球和横拍正手发逆向侧旋球除了挥拍与击球环节有所不同外，其他步骤基本相同。如果想要发出逆向侧下旋球，引拍时要架起大臂，将小臂与手腕向大臂折叠。击球时，小臂与手腕向右前方发力，同时球拍的前端向前倾斜，用球拍靠近外侧的位置摩擦球的外侧，以发出逆向侧下旋球。

1 ~ 2

站在左半台靠左侧，两脚分开，与肩同宽，右脚在前。屈膝，上身前倾，含胸收腹，右手以横拍方式握拍，左手掌心托球置于身体前方。将乒乓球向上抛起，之后身体稍向左转，重心左右脚，右臂向内折叠，肘部上提，向左后上方引拍，直至球拍靠近左肩，同时手腕后压，使球拍拍头前端朝上。

3 ~ 4

在球从最高点落至稍高于球网的位置时，迅速往回转身，小幅度挥动小臂向下切球，摩擦球的外侧，使球逆时针旋转。击球后球拍小幅度向前顺时针画一半弧线，然后迅速还原。

4

第四章

横拍击球技术

在乒乓球比赛中，除了发球外，球员们还需要回击对手的来球。这时，球员不仅需要拥有过硬的技术，还需要能够准确分析来球的性质和对手的意图，并选择合适的技术进行回击。高超的击球技术是减少失误、破解对手战术、实施自己战术的重要基础。因此，选手们需要通过不断的练习和比赛，提高自己的击球技术，以便在比赛中更好地发挥自己的水平。

1

1

击球前，应该站在近台位置，左脚在前，双腿微屈。

2

然后，左脚用力蹬地，身体向右转，重心随之右移，同时带动右臂后引并稍向内旋使拍面前倾，注意此时球拍不能低于球台。

2

特别提示

击球前手臂应该放松，击球时突然加力，手腕自然向前伸展。力度应该适中，不能过猛。

3

3

当来球将要上升至最高点时，腰部迅速回转，带动手臂前摆，在身体右前方击球的中上部。

4

击球时，手腕保持相对固定，不要甩手腕，小臂向左前上方发力挥拍。击球后，继续挥拍至左眼前方，同时重心移至左脚，最后迅速还原。

4

特别提示

正手攻球具有站位近、动作小、球速快等特点，它可以利用来球的力量进行回击，因此在快攻战术中经常被使用。这种技术的运用可以提高回击速度和准确性，从而让自己在比赛中占据优势地位，提高自己的胜率。

1～2

当来球落点在左半台时，快速移动到左半台靠近边角的位置，在台角外侧充分侧身。同时右臂向后引拍，观察来球，如果来球是下旋球，就将球拍立起，并引拍至低于球台的位置；如果来球是上旋球，则使球拍前倾，并引拍至大约与球台同高的位置。

3～4

腰部向左转动，带动手臂向左前方摆动，重心随之移至左脚，利用腰、腿部转动的力量带动小臂挥拍击球。击球后，重心移至两脚之间，迅速还原。

1 ~ 2

击球前，要先站在中近台的位置，即距离球台 70 厘米左右的位置，两脚平行开立，身体稍向前倾，双膝自然弯曲。右臂向左后引拍，肘关节上提，手腕内收，让球拍移动到左腹前方。

3 ~ 4

击球时向右稍回身，同时小臂发力，从身前向前上方挥拍，球拍略微前倾，在身体前方击球。击球后，顺势向右前上方挥拍，最后迅速还原。

1

正手拉球前，要根据来球路线选择合适的站位，挺胸收腹，两脚分开，略比肩宽，左脚在前，双膝微屈。之后腰部与髋部向右转动，把重心放在右脚上，右臂向后引拍至大腿右侧。此时，右侧大臂靠近身体，肘关节自然弯曲，右肩略微下沉，而左臂自然弯曲置于身前。

2~4

当来球处于最高点或下降初期时，右脚用力蹬地，腰部向左回转，带动手臂向左前上方挥拍，此时小臂要自然展开。击球时，小臂迅速内收，击球的中部或中上部，并充分摩擦球。击球后，顺势挥拍至头部左侧，身体重心由右脚转移至左脚，然后迅速还原。

扫码看视频

①

②

1

反手拉球时，最好站在中近台的位置，以方便之后的动作。在根据来球方向移动到合适的位置后，双脚打开，略比肩宽，双膝微屈，上身前倾。之后腰部与髋部向左转动，重心随之移至左脚，右臂向左下方引拍，让球拍移动到左腿前方，同时肘关节弯曲并上提，手腕内旋，使手腕向前顶起。

③

④

2 ~ 4

当来球处于最高点或下降初期时，左脚蹬地，腰部与髋部向右回转，以肘关节为支点向右前上方挥拍，在腹部前方击球。击球时，小臂带动手腕外旋，使球拍拍面前倾，充分摩擦球。击球后，继续向右前上方挥拍，然后迅速还原。

扫码看视频

1~2

站在近台中间或偏左的位置，两脚开立，与肩同宽，左脚在前，双膝微屈，上身前倾，含胸收腹，并略向右转，右臂自然弯曲并内旋，使拍面直立。向右转体带动右臂向后引拍，直至球拍位于身体的右前方。

3

在来球从台面弹起、不断上升时回身，小臂向前发力，拍面直立击球的中部，将其向前推出。击球后顺势向前挥拍，然后迅速还原。

扫码看视频

1 ~ 2

反手平挡时，要站在近台左半台的位置，两脚平行开立，与肩同宽，双膝微屈，上身前倾，含胸收腹。身体略微后引，右臂向内弯曲并外旋，使拍面略微前倾，向身体偏左的位置引拍。

3

向前小幅度挥动球拍，当球处于上升高点时，在腹部前方击球。击球时，手腕放松，拍面直立击球的中部，将球向前推出。

1

扣高球时，应根据来球位置调整与球台的距离，两脚分开，略比肩宽，左脚在前。腰与髋向右转动，将重心移至右脚，右臂抬起向右后上方引拍，将球拍置于头部的右后方。此时，右臂上举并内旋，拍面前倾，伸展肘关节，使大臂与小臂之间的夹角大于100°。

2~3

在来球到达高点时，右脚用力蹬地，重心向左脚转移，身体回转，带动整只手臂向左前下方挥动，在头部的左前方击球的中上部。击球时，手腕下压，充分利用转腰和蹬地的动作，最大限度地发挥手臂的力量。击球后，继续向左前下方挥动手臂，把重心放在左脚上，右脚可以顺势抬起，然后迅速还原。

1 ~ 2

根据来球路线，移动到合适的近台位置，两脚平行开立，与肩同宽，双膝微屈。之后，向右转身，右肩略微下沉，将重心移至右脚，右臂内旋并自然伸展，使拍面前倾，向右后下方引拍。

3 ~ 4

在来球即将到达最高点时，腰部迅速向左回转，重心随之左移，带动右臂发力向左前上方挥拍，在身体的右前方击球。击球后，小臂继续向左前上方挥动，将重心移至左脚，然后迅速还原。

扫码看视频

①

②

③

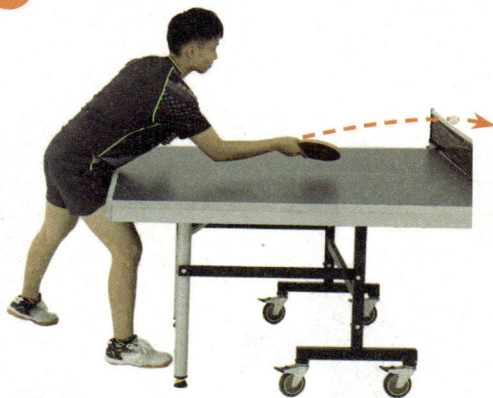

④

1 ~ 2

进行正手搓球时，需要根据来球路线，右脚向前上步，并将重心放在右脚上，同时右臂外旋，使拍面后仰，稍向右后上方引拍。

3 ~ 4

手臂前伸，向斜下方挥拍，在身体的右前方击球。击球时，小臂与手腕适当发力，用球拍底部摩擦球的中下部。

①

②

③

1 ~ 2

反手搓球时，首先观察来球路线，向前上步，上身前倾，并将重心放在右脚上，同时右臂内旋，手腕放松，让拍面后仰，引拍至胸前。

3

手臂前伸，并以肘关节为支点，小臂向右前下方发力挥拍，击球的中下部。击球时，手腕向外压并向右前下方发力，食指和拇指也要略微发力，使球拍向右前下方搓去。

扫码看视频

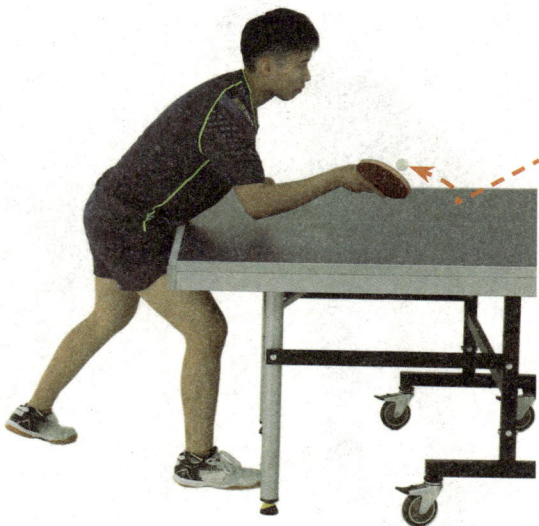

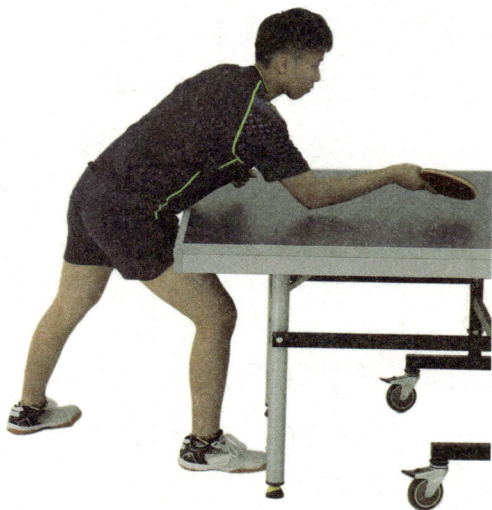

1~3

正手摆短搓球时，应该先移动到近台位置，然后根据来球路线，右脚向前迈步，身体接近球台，重心随之移至右脚，右臂自然弯曲，手腕适当向后旋，使拍面后仰，并向身体的右后上方小幅度引拍。在来球刚从台面弹起时，上身前倾，右臂前伸并保持相对稳定，手腕适当发力，向前下方挥拍，击球的中下部，充分利用来球的冲力将球击回。击球后，顺势向前下方挥拍，并保证挥拍距离尽可能短，然后右脚蹬地后撤，使身体重心回到两脚之间，迅速还原。

扫码看视频

①

②

③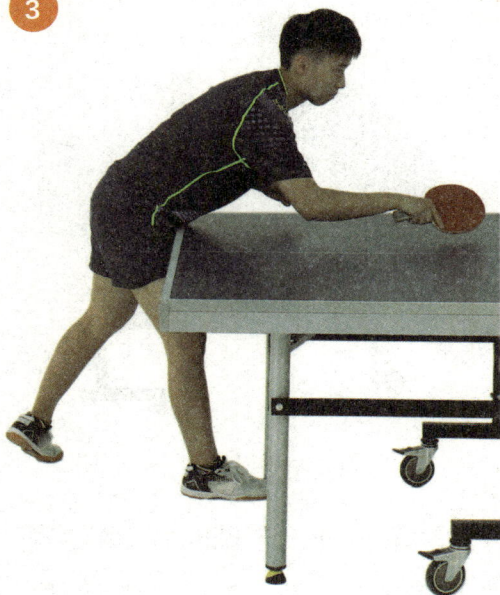

1 ~ 3

与正手摆短搓球相比，反手摆短搓球需要向左后上方小幅度引拍，直至球拍移至左腹前方，同时右臂自然弯曲，手腕下压，使拍面后仰。在来球刚从台面弹起时，上身前倾，右臂前伸并保持相对固定，手腕适当发力，向前下方挥拍，击球的中下部。击球后顺势挥拍，然后迅速还原。

扫码看视频

1 ~ 2

横拍正手挑短球时，应根据身高选择合适的步法，将右脚迈入台内，让自己的身体向右前方靠近球台，重心随之移至右脚。然后，右臂自然弯曲，手腕外旋，让球拍略向外撇，拍面立起，向右后方引拍。

3 ~ 4

在来球到达最高点时，上身前迎，手臂前伸，挥拍击球。击球时，手腕突然向前上方发力完成挑打动作。击球后，继续向前上方挥拍，然后右脚后撤，迅速还原。

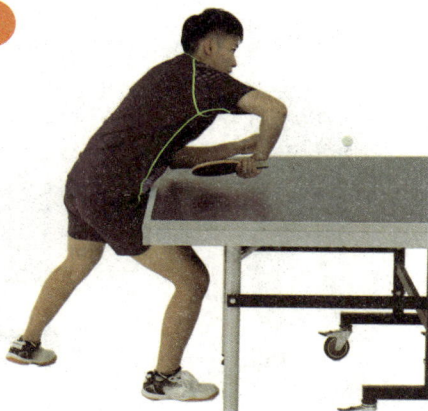

1 ~ 2

击球前，右脚向前迈步，伸入台内，身体重心随之移至右脚。然后，含胸收腹，右肩稍向前顶出，右侧大臂与肘关节抬高，小臂内收，手腕充分旋转，引拍至右腹前方，并使拍头指向自己。

3 ~ 4

在来球即将达到最高点时，以肘关节为轴，小臂带动手腕发力，用拍头沿顺时针方向画一半弧线，在腹部前方击球。击球时，使拍面前倾，摩擦球的中上部，使球带上强烈的旋转。击球后，继续向右前上方挥拍，然后右脚后撤，迅速还原。

扫码看视频

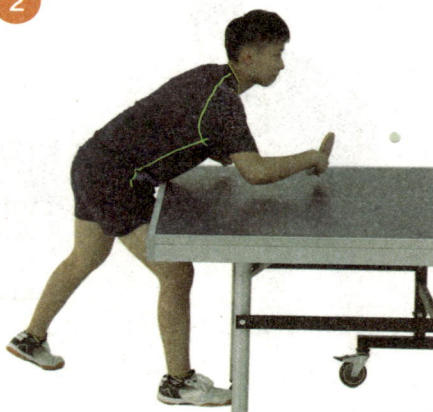

1 ~ 2

击球前，先根据来球路线，左脚蹬地，右脚向前迈步，伸入台内，让自己的身体靠近球台，重心随之移至右脚。弯曲右臂，肘关节向前顶去，手腕略向内勾，使拍面略微后仰，从身前略微向后引拍至左腹前方。

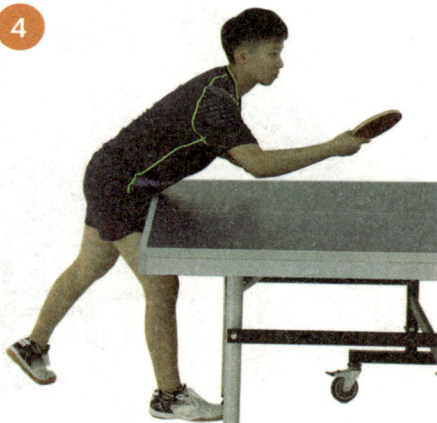

3 ~ 4

在来球达到最高点时，上身前迎，手臂前伸，以肘关节为轴，小臂向右前上方摆动，带动手腕向外转动挥拍，用球拍的上部击球的中部或中上部，完成挑打动作。注意，击球时手腕不能用力过度，要保证手腕能够灵活转动。击球后，前臂带动手腕继续向右前上方挥拍，然后右脚后撤，迅速还原。

1

2

3

1 ~ 3

站位近台，两脚打开，略比肩宽。微微向右转身，向右后方引拍，使球拍稍低于球台，引拍动作不宜过大。右臂自然弯曲并内旋，使拍面略微前倾。在来球还处在上升期时，大臂向内靠近身体，腰部、髋部向左转动，带动小臂向左前上方发力挥拍，在身体的右前方击球。击球时，手腕相对固定，主要依靠小臂的力量挥拍，击球的中上部，击球点靠前，并向左前上方摩擦球。击球后，小臂继续向左前上方发力，然后迅速还原。

扫码看视频

①

②

1~2

横拍反手快带时，在近台位置准备好后，身体微微向左转，右侧小臂外旋使手心朝上，手腕内勾，使拍面接近水平，并向左后方引拍，直至球拍移至腹部左前方。

③

④

3~4

在来球处在上升期时，腰部与髋部向右转回，小臂发力向右前上方挥拍，手腕保持相对静止，拍面前倾，在胸前击球的中上部，并向右前上方摩擦球。击球后，小臂继续向右前上方发力，然后迅速还原。

1 ~ 2

正手拉下旋球时，首先应该根据来球路线移动到合适的位置，两脚分开，略比肩宽，屈膝，上身前倾。然后，腰部与髋部向右转动，重心随之移至右脚，并带动右臂向后引拍，直至球拍移至右膝后方。引拍时，大臂要靠近身侧，肘关节打开。

3 ~ 4

在来球到达最高点后开始下降时，回身，重心由右脚转移至左脚，带动手臂向左前上方发力，小臂放松，使球拍在身体的右侧画一弧线，并在身体右前方击球。击球时，拍面略微前倾，充分摩擦球。击球后，顺势挥拍至头部左侧，身体重心由右脚转移至左脚，然后迅速还原。

扫码看视频

①

练习步骤

1

横拍反手拉上旋球时，首先应该根据来球路线移动到合适的位置，两脚分开，略比肩宽，双膝微屈，上身微微前倾。

2

然后，腰部向左转动，右肩下沉，右臂弯曲，并向左后下方引拍，但右手不宜比台子低，直至球拍移至腹部左前方；同时手腕内勾，使拍面略微前倾。

②

特别提示

回拉上旋球需要用身体蹬转的力量带动手臂和手腕，让球带上一定的旋转。不同站位需要不同的挥拍幅度和引拍姿势，但击球时都需要拍面前倾并在身体的正前方击球，这些技巧需要选手不断练习和应用，以提高比赛水平。

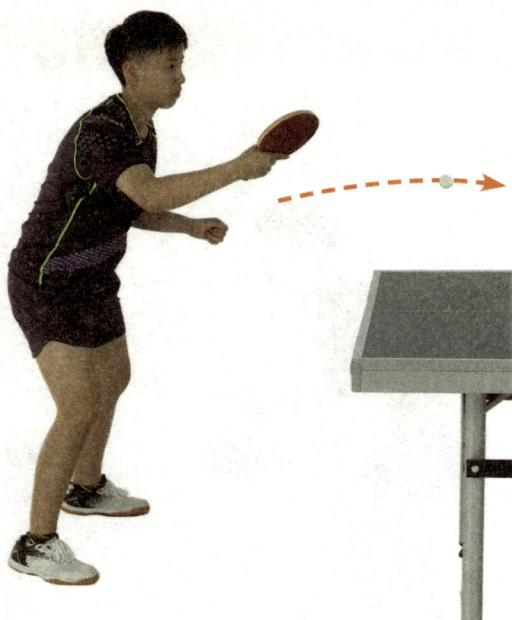

3

在来球即将达到最高点时，腰部向右回转，向右前上方挥拍，在腹部前方击球，并摩擦球的中上部，使其带有上旋。

4

击球时，手腕外旋，使拍面前倾幅度增大，双脚用力蹬地，让身体向前上方顶去，右臂以肘关节为轴，快速发力带动手腕扭动发力。反手拉上旋球时，水平方向的摩擦较多。

特别提示

击球轨迹

球拍摩擦球的斜上方

扫码看视频

1

根据来球路线移动到合适的位置，两脚分开，略比肩宽，屈膝，降低身体重心。

2

引拍时，继续降低身体重心，腰部与肩膀同时向左转动，重心随之移至左脚，向左后下方引拍，使球拍移至左侧大腿前方。同时，手腕内旋，使拍面前倾至接近水平状态，并使球拍低于球台。

特别提示

反手拉下旋球与反手拉上旋球相比，需要身体上下起伏更大，而击球时拍面前倾幅度更小，更倾向于垂直立起以削球的斜下方，并且在垂直方向上对球的摩擦较多，从而避免下网。因为接球方式不同，所以回球前要认真观察来球的旋转方向，并随机应变，选择合适的打法。

3

在来球即将达到最高点时，腰部向右回转，左脚蹬地，重心逐渐向右转移，以肘关节为支点，小臂与手腕用力向右前上方摆动。

4

击球后，顺势向斜上方挥拍，然后迅速还原。此外，如果想要让回球准确落在对方的半台上，可以通过弧圈球回球，击球时将重心放在两脚之间，以保持稳定的击球姿势。

特别提示

击球轨迹

弧圈球

用力击球

球拍削球的斜下方

扫码看视频

1 ~ 2

横拍侧身拉下旋球时，首先需要根据来球路线，移动到球台左角外侧，侧身朝向球桌，左脚在前，屈膝，降低身体重心。然后，腰部与髋部向右转动，重心随之移至右脚，并带动右臂向后引拍，直至球拍移至右膝的后方。引拍时，大臂要靠近身体，肘关节打开。

3 ~ 4

在来球到达最高点后开始下降时，向左转身，重心由右脚向左脚移动，大臂带动小臂，向左前上方挥拍，在身体右前方击球。击球时，拍面略微前倾，充分摩擦球。击球后，顺势挥拍至头部左侧，身体重心由右脚移至左脚，然后迅速还原。

1

2

1 ~ 2

横拍侧身拉上旋球时，首先需要根据来球路线，移动到球台左角外侧，侧身朝向球桌，左脚在前，双膝微屈，略微降低身体重心。然后，腰部与髋部向右转动，重心随之移至右脚，并带动右臂向后引拍，直至球拍移至右腿的斜后方。引拍时，大臂自然伸直，肘关节打开。

3

4

3 ~ 4

在来球从球台弹起时，向左转身，重心由右脚向左脚移动，大臂带动小臂，向左前上方挥拍，在腰部右前方击球。击球时，手腕内旋，增大拍面的前倾幅度，拇指与食指指尖发力，充分摩擦球。击球后，顺势挥拍至头部左侧，身体重心由右脚移至左脚，然后迅速还原。

扫码看视频

1

2

3

1~3

击球前，应该根据来球路线移动到中台位置，两脚分开，略比肩宽，左脚在前。向右转身，右肩下沉，右臂自然向下、向身体的右后下方引拍，使球拍移至右腿后侧，同时使拍面前倾。引拍时，要逐渐降低自己的重心，并使重心向右移动，最后以左脚脚尖点地并屈膝，几乎完全将重心放在右脚上。

4

4

在来球处于下降初期时，右脚蹬地，向左转身，重心随之左移，大臂带动小臂向左前上方挥拍，在身体的右前方用拍头击球。

5

击球瞬间，小臂立即向内收，并摩擦球的中部或中上部。击球后，继续向左前上方挥拍至额头的左前方，然后迅速还原。

5

特别提示

在击球时，拍面应该略微前倾，以增加对球的摩擦力，并制造更多的旋转。在击球后，顺势拉长挥拍的距离，以获得更好的效果，提高比赛胜率。

①

②

③

1～3

横拍反手拉加转弧圈球前，应该站位中台，双膝微屈，两脚开立，与肩同宽，上身略向前倾。重心微微向左压；同时，右肩下沉，右臂自然向内弯曲，肘关节上抬并略微向外顶出，从身前向左后下方引拍至大腿前侧。此时，手腕下压并外旋，使手心朝上拍面水平或略微前倾。

4

4

在来球处于下降初期时，收腹，两脚向上蹬地发力，向右转身，同时以肘关节为支点并保持相对稳定，小臂向右前上方挥动。

5

此时，手腕应该充分转动使拍面前倾，在身体的正前方击球的中部或中下部。击球后，继续向右前上方挥拍至头部右侧，然后迅速还原。

5

特别提示

在挥拍时，需要充分利用蹬地和转身的力量帮助小臂向上发力，同时略微向前发力，最后使拍面在身体的正前方击球。这样可以让球员更好地控制球的落点和旋转，提高回击的准确性和力度。

扫码看视频

1

1~2

移动到近台位置，两脚分开，略比肩宽，左脚在前，双膝微屈。然后，左脚蹬地，向右转髋、转肩，使重心落到右脚上，右肩下沉，右臂自然伸展，右臂跟随身体转动向右后方引拍，并使拍面前倾。注意，引拍除了向右后方外，微微向下即可；球拍位置不需要太低，但要低于来球。

2

特别提示

引拍时手腕外展，使拍面前倾；引拍以向右后方为主，同时略微向下。如果想使回球力量较大，那可以适当加大引拍距离，并且可以提前挥拍击球，以防挥拍过晚使回球质量过低。挥拍时，要充分利用转腰与蹬地的力量，在来球上升后期击球，并多向前发力。

3

在来球即将达到最高点时，右脚蹬地，身体向左转动，重心随之左移，大臂带动小臂加速向左前上方挥拍，在身体右前方击球。击球时，拍面前倾的幅度要较大，并且小臂与手腕应迅速内收，以充分摩擦球的中上部。

4

击球后，顺势挥拍至头部左侧，将重心转移至左脚，最后用左脚蹬地，让重心回到两脚之间，迅速还原。

特别提示

击球轨迹

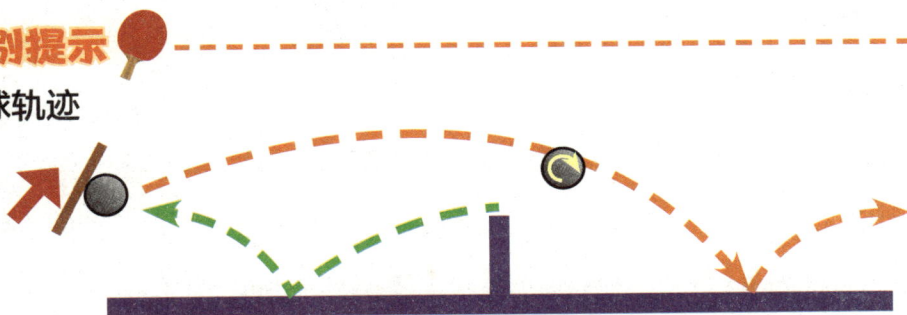

1 ~ 2

根据来球路线移动到合适的位置，两脚分开，略比肩宽，左脚在前，双膝微屈。然后，腹部收紧，向左转肩，重心随之向左移动，右肩下沉，右臂向左下方引拍，直至球拍移至腹部左前方，同时手腕外旋，使手心朝向上方、拍面前倾。

3 ~ 4

在来球达到最高点后，向右回身，同时两脚蹬地，充分利用蹬地与转腰的力量，向右前上方挥拍，在身体前方击球的中上部。击球时，应该多向前发力，减少向上的力，以充分摩擦来球。击球后，继续向右前上方挥拍至头部右侧，重心移至右脚，然后迅速还原。

1~2

移动到中远台位置，两脚分开，略比肩宽，左脚在前，双膝微屈。然后，腰部向右转动，重心随之右移，右臂适当抬高，向身体的右后方引拍。

3~4

在来球即将达到最高点时，回身，充分利用腰部转动的力量，向左前上方挥拍，在身体右侧击球的中上部。击球时，右手紧握球拍，小臂与手腕保持相对固定，拍面以稳定的前倾状态击球，充分摩擦球。击球后，顺势挥拍至头部左侧，重心移至左脚，然后迅速还原。

4.29 横拍反手反拉弧圈球

1 2

1 ~ 2

根据来球路线，移动到中远台位置，两脚分开，略比肩宽，双膝微屈。然后，向左转肩，重心随之向左移动，右臂向左下方引拍，直至球拍移至腹部左前方，并使球拍高于台面。

3 4

3 ~ 4

在来球即将达到最高点时，向右回身，同时左脚蹬地，使身体向上顶起，小臂与手腕以相对固定的姿势一同迅速向外展开，小臂以肘关节为支点向右前上方发力挥拍，击球的中上部，充分摩擦球。击球后，继续向右前上方挥拍至头部右侧，重心移至右脚，然后迅速还原。

5

第五章

直拍与
削球打法

乒乓球比赛中的直拍和削球是两种基本的乒乓球打法。直拍打法的特点是在球落点接近自己身体正前方时，采用快速直接击球的方式回球，力度强且速度快。削球打法的特点则是通过球下旋的作用，将球弹向对手的斜下方，制造出复杂的旋转效果，以迫使对手失误。

　　虽然现在使用横拍握法是主流，但直拍仍然具有一些明显的优势，如入门容易、出手快，且对台内球及追身球的处理也优于横拍。不过直拍握法也有明显的劣势，一是其护台面积有限，要求球员对步法的运用非常娴熟，以增强自己的防守；二是使用直拍握法时，拍形较难固定，而且反手不易发力，这就使得刚刚接触乒乓球运动的人不太适合直接使用直拍，因为初学者很容易就会以错误的发力方式及拍形进行练习，从而形成错误的肌肉记忆，这在后期是比较难纠正的。此外，反手不宜发力的特点也让直拍技术如今越来越少有人使用。

直拍接发球准备姿势

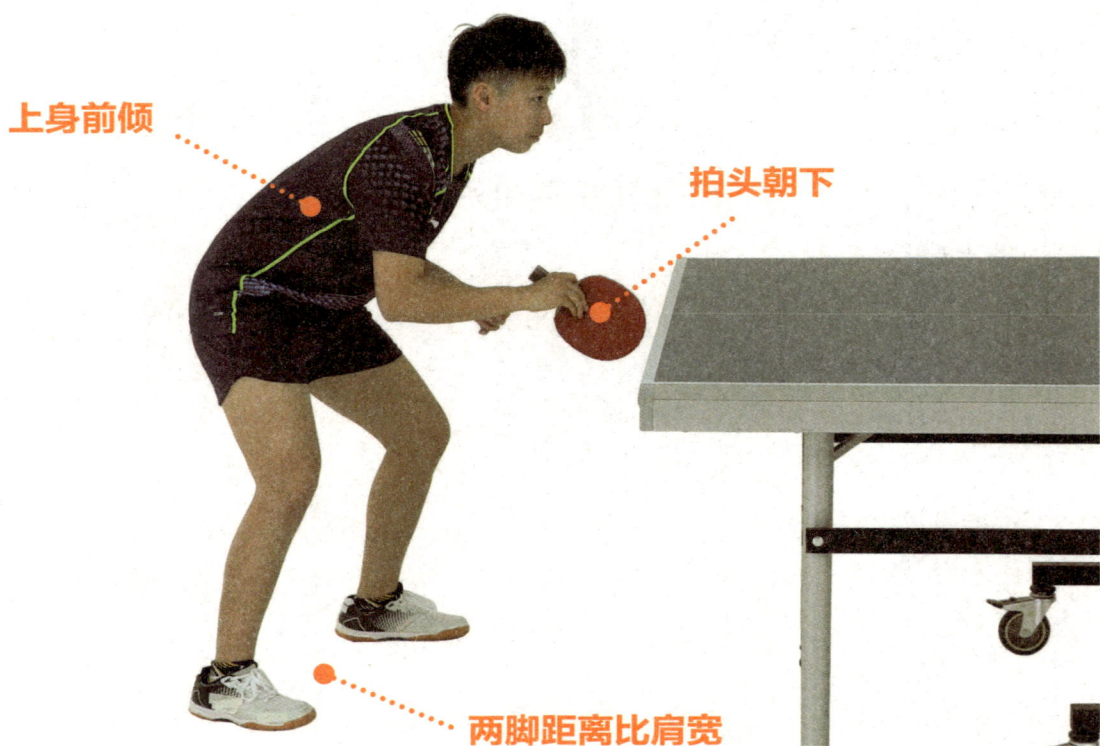

上身前倾

拍头朝下

两脚距离比肩宽

推接球

1

1 手臂与手腕外旋，使拍面前倾且拍头指向左侧。

2

2 击球时，拇指放松，食指压拍，击球的中上部。

直拍正手攻球

1

1 拇指按在拍柄处，食指放松。

2

2 击球时，手腕保持稳定，拍面呈半横状。

直拍正手发奔球

扫码看视频

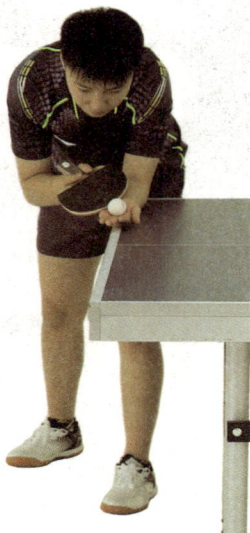

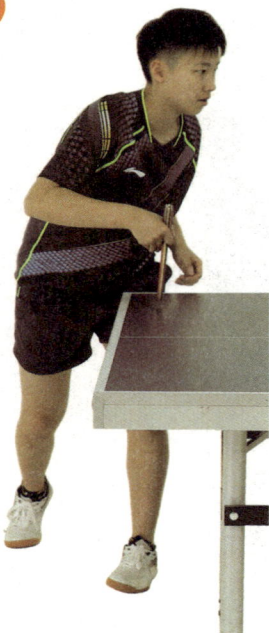

1 站在球台左角外侧。

2 右臂抬起向身体右后方引拍,重心随之移至右脚。

3 在球落至与球网同高时,小臂下摆,向左前方挥拍。

4 拍面略微前倾,在腹部前方击球的中上部。

直拍反手发右侧上旋球

扫码看视频

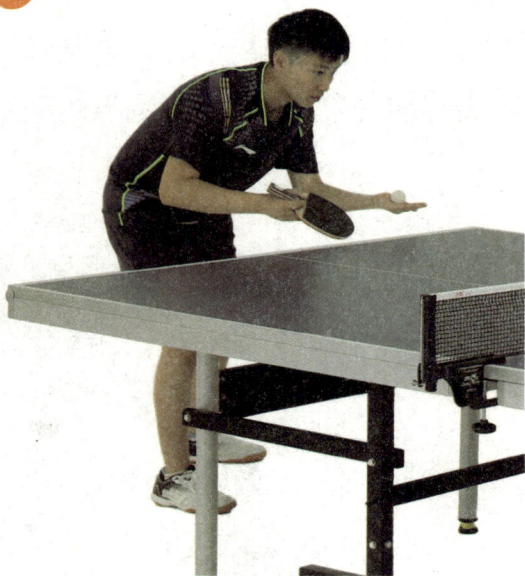

1

1
站在左半台靠左的位置。

2
右臂向内折叠，向左后上方引拍，手腕适当下压。

3

3
拍头朝斜下方，拍面略微后仰，用靠近拍柄的位置摩擦击球。

特别提示

要注意击球时的力度和旋转，可以通过手腕的用力程度来控制，以让球的旋转更加稳定。

削球通常是反手颗粒胶的运动员进行防守时的主要打法，其特点是跑动范围大、旋转强、上下旋反差大。可通过旋转的变化和大范围的跑动来制胜。

正手削球

扫码看视频

1~2

两脚间的距离略比肩宽，左脚在前，双膝微屈。向右后方转身，右臂外旋并向右后上方引拍，同时右侧小臂提起，球拍上举，使球拍移动到头部的右后上方。在球从最高点下落至腰的高度时，回身，身体带动手臂发力向左前下方削去，在腰部附近击球。击球时，球拍微微后仰，手腕加速发力，以充分摩擦球。击球后，继续向前挥拍，然后立即还原。

反手削球

①

②

1 ~ 2

反手削球时，因为动作会受到身体的限制，所以引拍动作要更加注重节奏的正确性。引拍时，左脚向后迈一步，身体左转的同时转肩，重心随之左移，右臂向内折叠并向左后上方引拍，直到球拍移动到左肩上方。在球下落到身体侧前方时，身体向右转回，重心移至右脚，手臂随重心摆回，小臂向右前下方削去。注意，此时手腕要内旋并加速发力，使球拍后仰，充分摩擦球。

特别提示

击球时需要充分利用转腰的力量，不断屈膝，并让身体重心随着挥拍动作前移。通过重心的变化，选手可以更好地发力，并保持身体的协调性。这样可以帮助选手在比赛中更准确地控制球的方向和旋转，提高回击的效果。

6

第六章
基本规则
与战术

在乒乓球比赛中，需要根据对手特点和自身优势运用合适的战术，这是取胜的关键之一。学会灵活运用各种战术也是备战的重要部分。比赛中，对手会不断变化打法，这就要求我们熟练掌握各种战术，并在比赛中冷静分析局势，及时选择正确的战术，以期获得最终的胜利。

上旋球与下旋球

横轴

横轴是通过球心且与乒乓球的飞行方向垂直的轴。绕横轴逆时针旋转的是下旋球，绕横轴顺时针旋转的是上旋球。

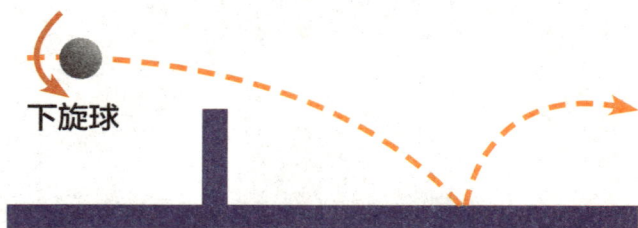

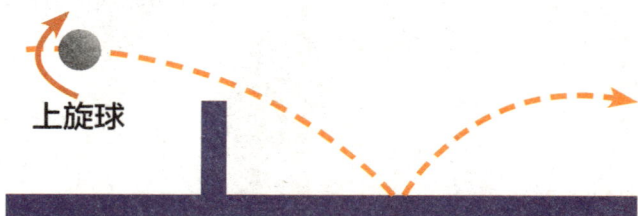

左旋球与右旋球

竖轴

竖轴是通过球心且与台面垂直的轴。绕竖轴逆时针旋转的是右旋球，绕竖轴顺时针旋转的是左旋球。

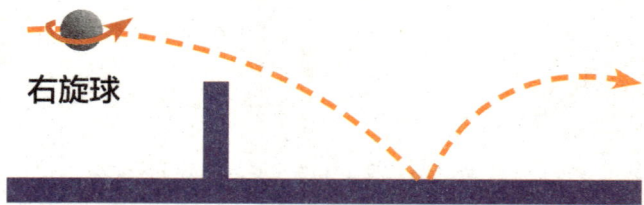

不转球

无论是相对于横轴还是竖轴，球体飞行时都无明显的旋转方向且转速低，近似不旋转。

顺旋球与逆旋球

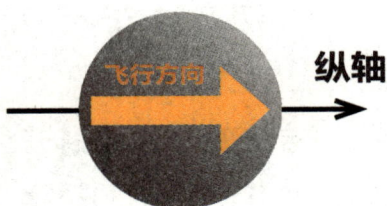

纵轴是通过球心且与乒乓球的飞行方向平行的轴。绕纵轴逆时针旋转的是逆旋球，绕纵轴顺时针旋转的是顺旋球。

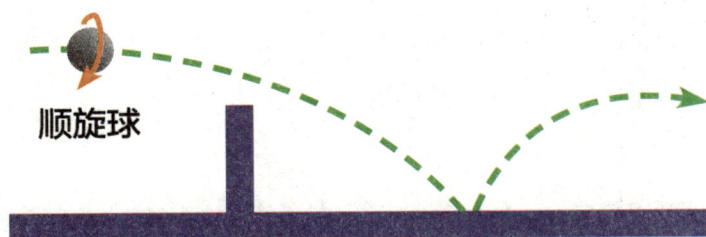

逆旋球

顺旋球

现在，国际上的乒乓球单打赛事多采用 7 局 4 胜制，全场有一次暂停。不过在每局结束后，有一分钟的休息时间，并交换场地，再开始下一局比赛。

对战中，先累计得 11 分的球员赢得此局；如果在比分累计得 10 分时或之后打平，则需再得 2 分才能拿下此局。一定注意，双方分数都到达 10 分后，先多得 2 分的一方为胜方。如果对方出现以下情况，判为本方得分：对方未能合法发球，球在对方的半台上反弹超过两次，对方未能成功回击来球（没接到、球未过网或出界等），对方先后多次击球等。

其中，合法发球是指非持拍手五指并拢，水平伸直，掌心朝上，使乒乓球静止停在掌心，之后垂直向上抛球，使球上升的高度不低于 16 厘米，且不能通过转球等方式制造旋转，在球到达最高点后开始下降时，才可击球。发出的球必须先落在本方半台上，接着弹起越过球网，再落在对方的半台上。此外，发球过程中不得有遮挡球的行为。

比赛前，应该进行抽签，中签者可选择自己的发球次序或初始站位，但只能决定其中一项，另一项由对方决定。每局比赛中，一方完成两次发球后，换对方发球；每局比赛达到 10 平后，或者采用轮换发球法（单局比赛超过 10 分钟）时，双方轮流发一次球。一局结束后，双方要交换发球次序与站位；但在最后的决胜局中，如果有球员先得 5 分，也要交换站位。此外，如果以上方面出现差错，裁判员应该及时暂停比赛，确定正确的发球次序与站位，然后继续进行比赛，之前的得分均有效。

针对擅长正手进攻的球员：调正手回反手

在比赛中，擅长正手进攻的球员为了发挥优势，让自己能够尽量多地以正手击球，便会经常进行跑动，使用各种步法移动到适合正手击球的位置，提高自己得分的概率。针对这种类型的球员，我们应对症下药，利用他们高频率、大位移的跑位为我方创造距离差。具体来说，就是通过出其不意的球路，让这些球员来不及移动到合适的位置，使得我方有可能直接得分，或者让对方只能在仓促之间回球，使其无法使用既定战术。

▶▶▶ 用正手球吸引对方移动

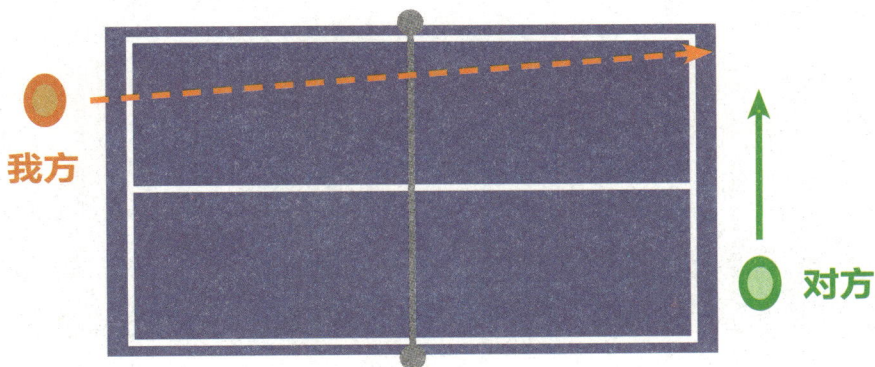

▶▶▶ 让对方来不及移动到合适的位置接球

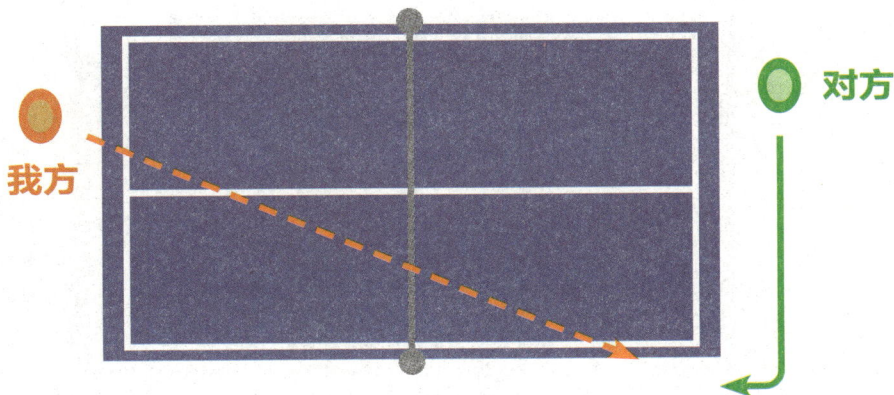

如果对方右手持拍，那我们可以集中将球打向其右边角附近，让擅长正手进攻的对方向右移动至我方的正手位，使其被迫离台，为我方创造之后进攻的机会。在将对方吸引至其右半台后，便可以出其不意地反手回球，将球打至其左半台偏左的地方，让对方来不及移动到合适的回球位置，使其回球质量不高或者直接失球让我方得分。

特别提示 🏓

贸然攻击对方的正手区域是有风险的，因此这种板球需要注重速度和落点，否则容易给对方展开进攻的机会，从而错失先机。此外，这种出其不意的战术最好不要频繁使用，因为对手会逐渐适应节奏，反而让自己变得被动。

针对擅长正手进攻的球员：前后调动对方

在比赛中，除了可以通过正手、反手的切换，使对方大幅度左右移动，制造两次回球之间的左右位置差外；还可以通过长短球的配合，制造出两次回球位置的前后距离差，以降低对方的回球质量或让我方直接得分。

▶▶▶ 利用短球让对方上前

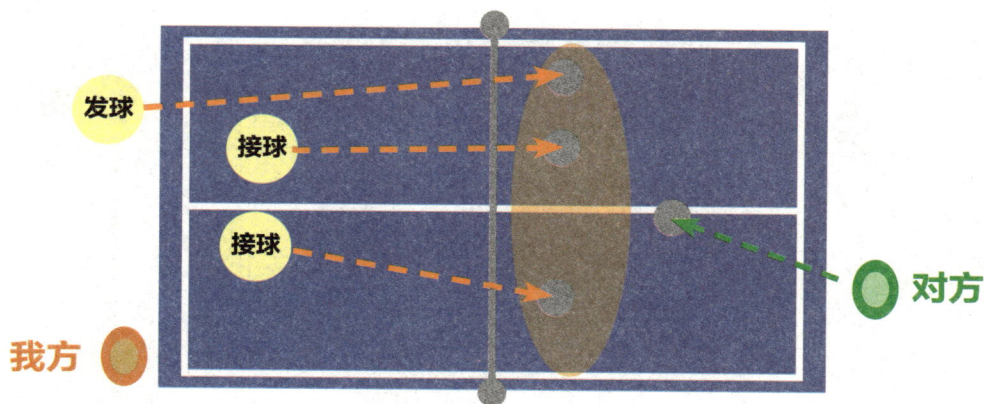

⟫⟫ 让对方来不及移动到合适的位置接球

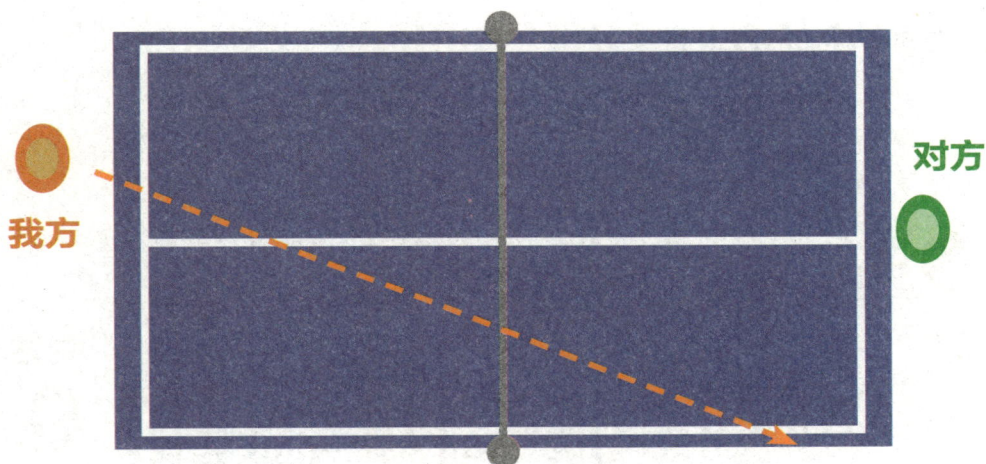

长球通常是上旋球，所以可以通过发短球或挑短球等方式，使球的落点比较靠前，迫使对方迈步接球，创造出其后方的空位。在对手迈步上前，在台内回球时，便可以趁机攻击其反手位置，让对方来不及挪步，无法顺利回球。

针对擅长反手进攻的球员：正手切换反手

对于擅长反手进攻的球员来说，即使来球在正手范围内，其有时也会使用反手来接球。通常，这种通过反手接球球员的正手范围在球台的正中到球员的右脚附近，所以我方可以连续攻击其右脚附近的位置，让其不断向右移动，偏离球台中央，之后再利用左右的距离差距突然攻击其反手位置，使其来不及移动到最合适的位置接球。

≫ 利用短球让对方上前

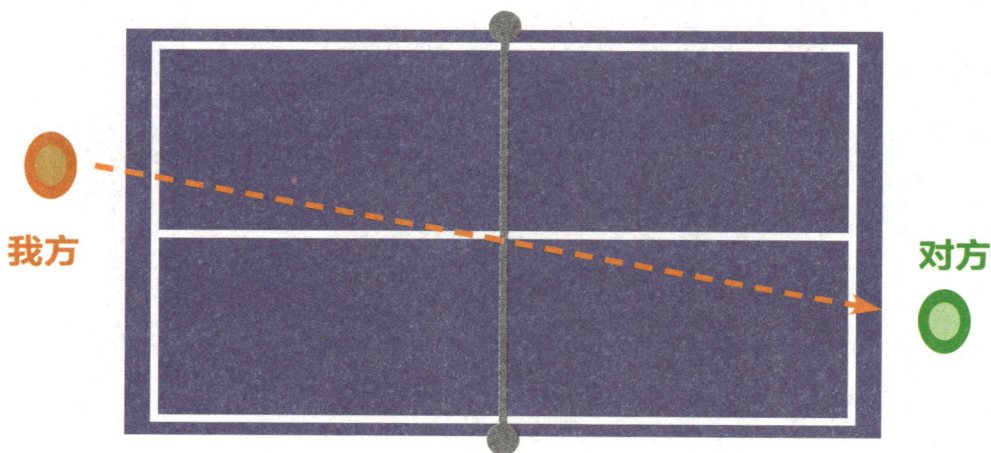

我方　　　　　　　　　　　　　　　　　　　**对方**

如果对方擅长反手进攻，我们便可以利用这一点，不断攻击其正手位，吸引其向右移动，让其逐渐远离自己原来的位置。这时，突然变线攻击对方的反手位置，让其来不及返回，无法发挥自己反手优势，降低回球质量，从而给我方创造良好的得分机会。

特别提示 🏓

连续展开进攻时，需要不断调整自己的姿势，瞄准对方的正手位置，即右脚附近。同时，要提高自己回球落点的准确性，让对方会为了反手回球而不断向右移动，这样可以让对手处于不利地位，增加自己的得分机会。

⟫⟫ 连续攻击对方右脚附近的位置

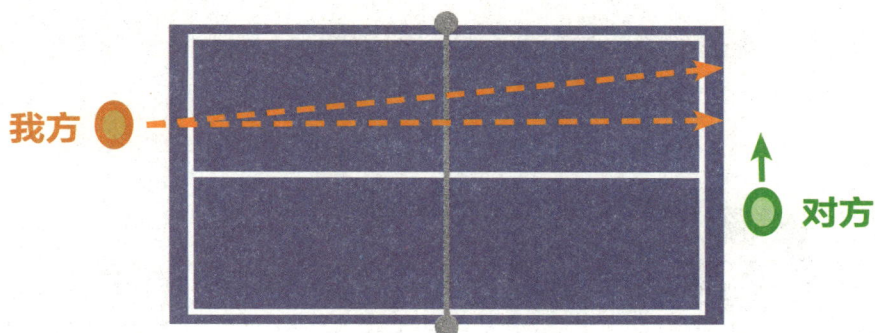

我方 ⬤ ⤏⤏⤏⤏⤏⤏

对方 ⬤ ↑

⟫⟫ 攻击对方的反手位置，让其无法顺利回球

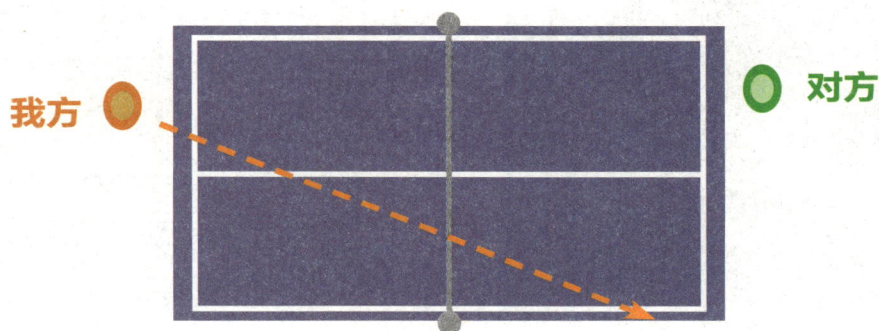

我方 ⬤

对方 ⬤

针对擅长正、反手进攻的球员：攻击身前的位置

正、反手进攻都擅长的球员通常是全能型选手，他们技术全面，很少出现失误，前文介绍的战术往往很难在他们身上产生理想的效果。面对这样的球员，最好避免与其对攻，否则容易使其抢得先机；应该尽量抢先在近台发起进攻，瞄准对方身前的位置攻击，通过快攻让对方逐渐露出破绽。

⟫⟫ 攻击对方身前的位置

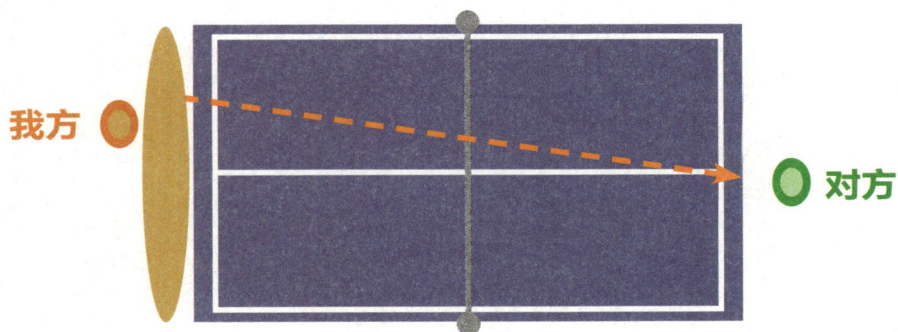

我方 ⬤

对方 ⬤

顾玉婷

乒乓球世界冠军，国家乒乓球队前队员，国际级运动健将；曾获 2010 年首届青年奥运会乒乓球女单冠军、2013 年世界青少年乒乓球锦标赛女单冠军；多次获得世界青年乒乓球锦标赛团体、双打、混双冠军和世界乒联巡回赛分站双打冠军；曾获第 12 届全运会团体冠军、第 13 届全运会女双冠军；2019 年获得山东省三八红旗手称号。